Iniciación a la aplicación de las nuevas tecnologías en las empresas. FCOI09

Miriam Barberá Luque

ic editorial

Iniciación a la aplicación de las nuevas tecnologías en las empresas. FCOI09
© Miriam Barberá Luque

1ª Edición

© IC Editorial, 2025

Editado por: IC Editorial
c/ Cueva de Viera, 2, Local 3
Centro Negocios CADI
29200 Antequera (Málaga)
Teléfono: 952 70 60 04
Fax: 952 84 55 03
Correo electrónico: iceditorial@iceditorial.com
Internet: www.iceditorial.com

ISBN: 978-84-1184-623-3
Depósito Legal: MA 279-2025

Impresión: PODiPrint
Impreso en Andalucía – España

Nota de la editorial: IC Editorial pertenece a Innovación y Cualificación S. L.

Especialidad formativa

Se entiende por especialidad formativa la agrupación de contenidos, competencias profesionales y especificaciones técnicas que responde a un conjunto de actividades de trabajo enmarcadas en una fase del proceso de producción y con funciones afines.

Las especialidades formativas de Uso General, Formación Complementaria, Formación Modular y las especialidades formativas dirigidas a la obtención de certificados de profesionalidad se incluyen en el Fichero de Especialidades del Servicio Público de Empleo Estatal para su gestión en todo el territorio nacional por cualquier Administración competente.

Las especialidades complementarias, pertenecen todas a la Familia profesional de Formación Complementaria (FCO) y tienen la consideración de formación transversal en áreas que se consideran prioritarias tanto en el marco de la Estrategia Europea para el Empleo y del Sistema Nacional de Empleo como en las directrices establecidas por la Unión Europea. Se consideran áreas prioritarias las relativas a tecnologías de la información y la comunicación, la prevención de riesgos laborales, la sensibilización en medio ambiente, la promoción de la igualdad, la orientación profesional y aquellas otras que se establezcan por la Administración competente.

Las especialidades de Certificado de profesionalidad tienen una duración especificada en su normativa reguladora.

En el resultado de la búsqueda, se muestran las unidades de competencia, todos los módulos formativos con su duración y las unidades formativas del certificado correspondiente, con su duración. Las horas del certificado, exclusivo de las especialidades de certificado de profesionalidad, con alta igual o superior a 2008, son las horas totales más las horas del módulo de Prácticas Profesionales no Laborales.

➲ **Si la especialidad tiene unidades formativas,** las horas totales, presencial, distancia, teleformación serán igual a la suma de esas horas de las unidades formativas de los distintos módulos, sin que se repita ninguna Unidad formativa.

➲ **Si la especialidad no tiene unidades formativas,** las horas totales, presencial, distancia, teleformación serán igual a las sumas de esas horas de los módulos formativos, eliminando las horas de los módulos repetidos.

https://sede.sepe.gob.es/especialidadesformativas/RXBuscadorEFRED/BusquedaEspecialidades.do

(Fuente: Servicio Público de Empleo Estatal)

Índice

Uso del comercio electrónico

Manejo de teléfonos inteligentes

Utilización de *tablets*

Glosario

Bibliografía

OBJETIVOS GENERALES

Los objetivos generales del **FCOI09. Iniciación a la aplicación de las nuevas tecnologías en las empresas,** son los siguientes:

- Adquirir las competencias digitales y habilidades necesarias para participar en la transformación digital de la empresa.
- Analizar la importancia de la transformación digital en las empresas.
- Determinar las diferentes herramientas disponibles en una empresa para aprovechar la tecnología.
- Conocer los diferentes tipos de redes y los elementos que forman parte de una conexión de red empresarial.
- Descubrir los principales elementos de seguridad y *marketing* que conforman un comercio electrónico.
- Conocer el uso del teléfono inteligente en el ámbito laboral.
- Analizar los parámetros de una *tablet*.

Definición de la transformación digital

Contenido

Objetivos

El objetivo general de esta Unidad de Aprendizaje es:

→ Analizar la importancia de la transformación digital en las empresas.

Los objetivos específicos de esta Unidad de Aprendizaje son:

→ Definir el concepto de transformación digital.

→ Especificar los pasos que debe dar una empresa para implementar la transformación digital.

→ Definir las diferentes perspectivas de visión digital que existen.

1. Introducción

La tecnología está en constante evolución y cada vez abarca más espacio en los mercados actuales. Es por ello por lo que las empresas deben dar un paso al frente y empezar a incorporar la tecnología en sus organizaciones a la par que evolucionan con ellas.

Para lograr esto se realiza la llamada transformación digital, un proceso que consiste en implementar la tecnología en los diferentes ámbitos de la organización para conseguir ser una empresa más productiva, rentable y que ofrezca una mejor experiencia al cliente.

Así, se realiza un proceso de planificación y análisis para poder implementar una estrategia y una visión digital que marque el camino a seguir por la empresa.

Para entender esto mejor, nos centraremos en el caso de Iván, gerente de una empresa de muebles y decoración que busca implementar una transformación digital para adaptarse al nuevo mercado.

2. Alcance de la transformación digital

☞ **HILO CONDUCTOR**

Iván ha decidido que es el momento de dar un paso más en el negocio y, para ello, está aprendiendo qué es la transformación digital y para qué le puede servir.

- -

La **transformación digital** se puede definir como un proceso mediante el cual las compañías se reorientan para aplicar el uso de las tecnologías emergentes en todos los departamentos de la misma.

Así, esta transformación digital implica mucho más que una mera aplicación de las nuevas tecnologías, pues trata de repensar la organización para que se adapte al mundo actual, aprovechando las oportunidades de la tecnología y de los nuevos sistemas de organización.

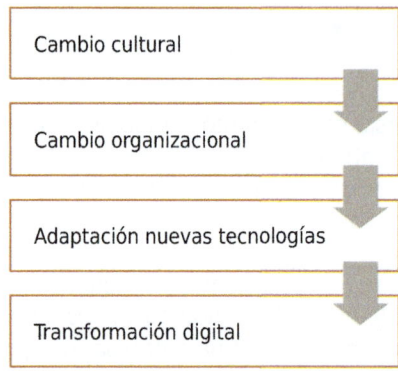

De este modo, para que una empresa pueda implementar una adecuada transformación digital debe alcanzar todas las áreas de la misma. Para ello, es imprescindible que haya un cambio cultural, un esfuerzo por adquirir formación y habilidades en las competencias digitales, que se haga un cambio organizacional y que, finalmente, se incorporen, de manera paulatina, estas nuevas tecnologías.

 **RECUERDA**

La transformación digital es un proceso que debe hacerse progresivamente sin olvidar ningún área de la organización.

- -

Esta transformación digital tiene múltiples ventajas y debe ser entendida como una oportunidad que ayudará al crecimiento y adaptación de la organización en este nuevo entorno, pudiendo llegar mejor, por tanto, a los nuevos consumidores.

Algunas de las **ventajas de la transformación digital** son:

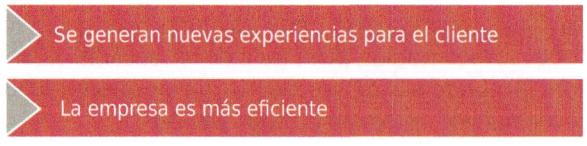

Se generan nuevas experiencias para el cliente

La empresa es más eficiente

Continúa en página siguiente >>

<< Viene de página anterior

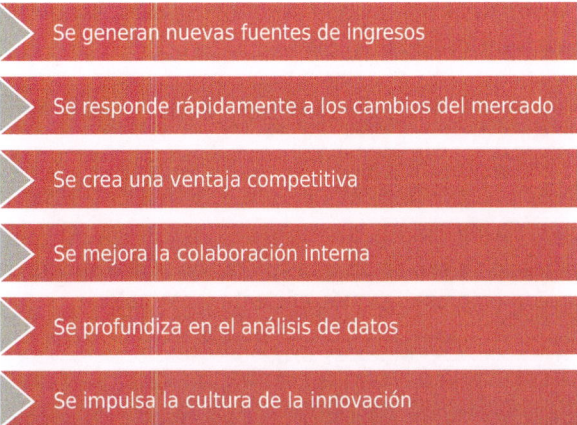

Se generan nuevas fuentes de ingresos

Se responde rápidamente a los cambios del mercado

Se crea una ventaja competitiva

Se mejora la colaboración interna

Se profundiza en el análisis de datos

Se impulsa la cultura de la innovación

Así pues, con la transformación digital, las empresas hacen uso de una serie de **tecnologías y metodologías emergentes.** Algunas de estas son *big data,* ciberseguridad, 5G, realidad virtual o impresión 3D, entre otras.

 ## ACTIVIDAD COMPLEMENTARIA

1. Piensa en un ejemplo de alguna empresa, por pequeña que sea, que pueda necesitar una transformación digital. Explica en qué consiste la empresa y cómo la tecnología es una ayuda para mejorar y adaptarse al mundo actual.

3. Incorporación de la tecnología: planificación y análisis

 ## HILO CONDUCTOR

Una vez que Iván ya tiene claro que la transformación digital es lo que su negocio necesita, debe saber qué acciones realizar para poder incorporar esta tecnología en el negocio. ¿Cómo debe hacerlo? ¿Qué necesita?

La incorporación de la tecnología en la empresa pasa por dos fases princi-pales: **la planificación y el análisis.** La planificación es fundamental para poder estructurar adecuadamente los pasos a seguir hasta conseguir la completa transformación digital.

 **IMPORTANTE**

La planificación o el plan de transformación digital servirá, a largo plazo, para hacer que la empresa sea más eficiente y rentable.

De este modo, para poder realizar esta planificación es recomendable se-guir los siguientes **pasos:**

1. **Identifica los objetivos.** El primer paso, como en cualquier otra planifi-cación, es determinar cuáles son los objetivos que se quieren conseguir con esta implementación digital.
2. **Pensar en las necesidades del cliente.** El siguiente paso es pensar en las necesidades del cliente. ¿Qué puede necesitar y cómo podemos sol-ventar estas necesidades a través de la tecnología? Aquí, hay muchas acciones que se pueden realizar: desde llevar un registro puntual de las conversaciones con los clientes a incluir más canales de comunicación, entre muchas otras.
3. **Establecer nuevos procesos.** La transformación digital implica esta-blecer nuevos procesos operativos teniendo en cuenta dichas nuevas tecnologías.
4. **Determinar qué tipo de tecnología se necesita.** Es el momento de de-terminar qué tecnologías necesita cada empresa. Hay que analizar bien cuáles son las necesidades de la empresa y cuáles son las tecnologías que le pueden venir bien. Por ello, hay algunas preguntas que pueden ayudar a resolver a estas dudas:

   ტ ¿Se necesita estandarizar procesos?
   ტ ¿Se necesita colaborar con los clientes?
   ტ ¿Hay que realizar presupuestos más rápida y automáticamente?
   ტ ¿Se necesita compartir datos de clientes para activar flujos de trabajo?

5. **Ejecutar el plan.** Una vez estipulados los pasos a dar, es el momento de ejecutar el plan y poner en marcha las acciones.
6. **Hacer cambios o modificaciones si es necesario.** No hay que temer a realizar cambios una vez implementado el plan si es necesario. Toda

empresa está en proceso de adaptación y debe ser ágil a la hora de implementar estos cambios.

NOTA

Como en cualquier otra planificación o estrategia es necesario realizar un análisis, tanto antes de crear el plan de acción como después de haberlo realizado. Solo de este modo se podrán tener datos reales de qué se necesita y de si las acciones tomadas están funcionando tal y como se esperaba.

- -

4. Desarrollo de estrategia y visión digital

HILO CONDUCTOR

Por último, Iván desarrolla tanto la estrategia como la visión digital para implementar esta estrategia de manera efectiva en el negocio.

- -

Una vez se ha realizado la planificación hay que dar el siguiente paso: **desarrollar la estrategia y la visión digital.** Para poder realizar una estrategia, primero es necesario tener claro qué visión digital se desea lograr.

La **estrategia digital** hace referencia al conjunto de acciones y medidas que se llevan a cabo para alcanzar los objetivos marcados anteriormente.

Así, se deben valorar tanto las acciones como los recursos necesarios para poner en marcha las mismas (desde recursos económicos a recursos técnicos o personas implicadas).

Por su parte, la **visión digital** tiene como objetivo principal definir la que será la hoja de ruta para lograr esta transformación digital en los próximos dos o tres años. Se puede decir que actúa como una guía en la que se define cómo las tecnologías pueden ser aprovechadas en la organización para alcanzar la visión corporativa.

 **DEFINICIÓN**

Visión corporativa

La visión corporativa o la visión empresarial es la declaración en la que se afirma hacia dónde se dirige la empresa a largo plazo y en qué se quiere convertir en el futuro.

Esta visión digital se puede expresar desde tres **perspectivas** diferentes:

Digitalización de la operación
Los cambios se quieren implementar para mejorar la productividad, la eficiencia o la necesidad de integrar operaciones dispares.

Digitalización de la experiencia del cliente
La transformación digital nace de la necesidad de ofrecer una experiencia del cliente integrada, comprender mejor el comportamiento del cliente o mejorar la conexión con el mismo.

Transformación del modelo de negocio
Se combinan las dos perspectivas anteriores, queriendo mejorar tanto las operaciones como la experiencia del cliente. El motivo puede ser bien la supervivencia o bien la oportunidad.

 **TAREA 1**

A Desiré le han pedido que planee la transformación digital del negocio familiar, una panadería especializada en todo tipo de panes y bollería artesanal. Así, tras mucho estudiar, Desiré ha descubierto que es importante enfocar la visión

Continúa en página siguiente >>

<< Viene de página anterior

digital. Para poder definir exactamente cuál es la visión digital más adecuada para este negocio, decide buscar una oportunidad en cada una de las visiones.

Ayuda a Desiré para ver, según cada tipo de visión digital, qué oportunidades tiene el negocio desde cada una de estas perspectivas.

----

5. Resumen

La transformación digital es el proceso por el cual las empresas implementan la tecnología en todos los ámbitos de la organización.

Para poder realizar esta transformación de manera correcta se debe realizar del siguiente modo:

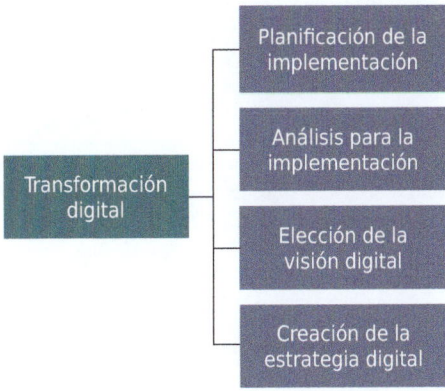

Ejercicios de autoevaluación
Unidad de Aprendizaje 1

1. La transformación digital empieza por...

    a. ... un cambio cultural.
    b. ... un cambio organizacional.
    c. ... una adaptación de nuevas tecnologías.
    d. ... una creación de la visión digital.

2. Indica si la siguiente oración es verdadera o falsa: "Al implementar la transformación digital se mejora la colaboración interna".

    ■ Verdadero
    ■ Falso

3. ¿Cuál de las siguientes tecnologías pueden utilizar las empresas en la transformación digital?

    a. *Big data*
    b. Ciberseguridad
    c. Impresión 3D
    d. Todas las opciones son correctas.

4. La transformación digital también implica establecer nuevos...

    a. ... diseños corporativos.
    b. ... procesos operativos.
    c. ... nombres y denominaciones de tareas.
    d. ... colaboraciones con los clientes.

5. La transformación del modelo de negocio puede venir impulsada por:

    a. La supervivencia
    b. La oportunidad
    c. La necesidad económica
    d. Las opciones a y b son correctas.

Determinación de las herramientas de trabajo para el uso de la tecnología

Contenido

1. Introducción
2. Conocimiento de las herramientas básicas: ofimática, soluciones en aplicaciones básicas de *Microsoft (Excel, Word, Power Point, Outlook,* Bases de datos)
3. Herramientas de comunicación (videoconferencias y reuniones *online): WhatsApp, Google Meet* y *Skype*
4. *E-mail:* organización y uso de plantillas
5. Almacenamiento e intercambio de información: *Google Drive, Dropbox,* Intranets
6. La nube, organización y compartición
7. Gestión de proyectos en la nube
8. Redes virtuales, *Facebook, Youtube*
9. Resumen

Objetivos

El objetivo general de esta Unidad de Aprendizaje es:

→ Determinar las diferentes herramientas disponibles en una empresa para aprovechar la tecnología.

Los objetivos específicos de esta Unidad de Aprendizaje son:

→ Describir las principales herramientas de ofimática.

→ Identificar herramientas esenciales de comunicación y de gestión de almacenamiento en la nube y colaboración.

→ Analizar las redes sociales para la empresa.

→ Determinar las herramientas que se necesitan para incorporar la tecnología en una jornada de trabajo.

1. Introducción

La inserción de la tecnología en un entorno de trabajo pasa, irremediablemente, por incorporar también herramientas y aplicaciones que optimicen el uso de esta tecnología. En el día a día, los usuarios y empleados pueden trabajar con múltiples herramientas que les facilitarán su jornada diaria, así como la colaboración con otros compañeros o clientes.

Es así como se deben conocer las herramientas básicas de la ofimática, las cuales sirven para crear archivos y otros documentos esenciales para manejar datos e información del día a día. Del mismo modo, optimizar el uso del correo electrónico y otras aplicaciones de mensajería facilita la comunicación.

Para mejorar todavía más el trabajo colaborativo, no hay que obviar las posibilidades de la nube, así como las herramientas de videollamada que permiten conectar a personas de manera remota en un solo lugar.

Igualmente, las redes sociales pueden jugar un papel fundamental a la hora de incorporar la tecnología en cualquier ámbito empresarial.

Para comprenderlo mejor, nos centraremos en el caso de Iván, quien sigue esforzándose por implementar las mejores tecnologías en su negocio y está estudiando qué aplicaciones y herramientas serán útiles tanto para él como para su equipo de trabajo.

2. Conocimiento de las herramientas básicas: ofimática, soluciones en aplicaciones básicas de *Microsoft* (*Excel, Word, Power Point, Outlook,* Bases de datos)

☞ **HILO CONDUCTOR**

A la hora de poner a punto su equipo y herramientas de trabajo, Iván piensa que es fundamental contar con todas las herramientas de ofimática que necesita en el día a día.

- -

El entorno empresarial necesita una serie de herramientas básicas para poder realizar las tareas cotidianas, tanto de gestión como de organización o comunicación, entre otras. Para ello, se utilizan las denominadas tareas de ofimática.

Las principales **aplicaciones de ofimática** que se utilizan en el entorno empresarial son:

- **Excel.** *Excel* es el programa de *Microsoft* dedicado a las hojas de cálculo. Con esta aplicación se pueden realizar operaciones matemáticas, gestionar bases de datos, etc.
- **Word.** *Microsoft Word* es el procesador de textos por excelencia. Es la aplicación que se utiliza para crear documentos de textos, modificarlos y editarlos. Se trata de una herramienta muy completa y necesaria para todo trabajo de oficina.
- **Power Point.** *Power Point* es la aplicación de *Microsoft* que sirve para realizar presentaciones en diapositivas. Es muy interesante para las presentaciones de informes, propuestas, gráficos, formaciones, etc.
- **Outlook.** *Microsoft Outlook* es uno de los gestores de correo electrónico más conocidos y sirve tanto para recibir y enviar correos electrónicos, como para gestionar los contactos, el calendario, las tareas o notas, entre otras.
- **Base de datos.** En toda empresa es necesario contar con aplicaciones que permitan la gestión de bases de datos, que no son más que listados con información sobre personas, productos, pedidos u otros elementos necesarios para la organización.

NOTA

La mayoría de estos programas de ofimática pertenecen a la *suite* ofimática *Microsoft 365.*

- -

3. Herramientas de comunicación (videoconferencias y reuniones *online*): *WhatsApp, Google Meet y Skype*

☞ HILO CONDUCTOR

A continuación, hace un repaso de las herramientas de comunicación que no pueden faltar para poder hablar tanto con sus compañeros, como con sus proveedores o con sus futuros clientes.

- -

La comunicación es fundamental en toda empresa, tanto a nivel interno con los empleados, como a nivel externo para tratar con clientes, proveedores u otros agentes externos que puedan entrar en contacto con esta.

Así, es necesario conocer las principales **herramientas de comunicación**, especialmente aquellas que sirven para realizar videoconferencias y reuniones *online:*

- ⊃ **WhatsApp.** *WhatsApp* es la aplicación más conocida de mensajería instantánea y está disponible tanto para *smartphones* como para ordenador, aunque para utilizarse necesita estar asociada a un número de teléfono móvil.
  Esta aplicación permite enviar mensajes de texto, imágenes, vídeos o notas de audio, así como hacer videollamadas con una o varias personas.
  Actualmente, *WhatsApp* permite crear una cuenta de empresa gracias a *WhatsApp Business,* una cuenta que sirve como canal de atención al cliente.
- ⊃ **Google Meet.** *Google Meet* es una aplicación de *Google* que está especialmente pensada para el mundo laboral. Esta herramienta ha sido diseñada para realizar reuniones *online* con una persona o con múltiples usuarios. En una reunión de *Meet* se permiten hasta cien usuarios.
- ⊃ **Skype.** *Skype* es otra herramienta para realizar videollamadas que cuenta también con funcionalidad de chat. Así, permite mantener una conversación con un usuario o un grupo, enviar archivos y realizar llamadas de voz o vídeo.

4. *E-mail:* organización y uso de plantillas

👉 HILO CONDUCTOR

Iván también quiere descubrir cuál es la mejor manera para optimizar el uso del correo electrónico y es por ello por lo que investiga sobre la organización de las bandejas y el uso de plantillas.

El **correo electrónico** es otra de las herramientas fundamentales que deben utilizarse en una empresa u organización. Este permitirá una comunicación fluida también con compañeros, como con otros departamentos, clientes, proveedores u otros usuarios con los que haya que estar en contacto.

 NOTA

La organización del correo electrónico permite ordenar las diferentes carpetas y bandejas según se desee. Así, se puede optimizar mejor el tiempo de trabajo, manteniendo los correos electrónicos ordenados según las preferencias y necesidades.

Además de la organización, también es posible la utilización de **plantillas de correo electrónico.** Estas plantillas permiten responder de manera automatizada y aseguran tener una respuesta siempre lista para aquellos mensajes a los que haya que responder de la misma manera.

👁 EJEMPLO

Si una empresa está en proceso de selección para contratar a un nuevo empleado y está recibiendo CV a su correo electrónico puede generar una plantilla para responder a esos mensajes.

5. Almacenamiento e intercambio de información: *Google Drive, Dropbox,* Intranets

☞ **HILO CONDUCTOR**

Otra de las necesidades con las que se ha encontrado Iván a la hora de instaurar la tecnología en su negocio es que debe facilitar el trabajo en equipo de forma remota. ¿Qué herramientas puede utilizar para el almacenamiento y el intercambio de información?

- -

En las empresas también se necesita trabajar con herramientas que sirvan para almacenar archivos, datos y documentos, así como para intercambiar información de manera sencilla entre compañeros o equipos.

Actualmente, existen varias formas de realizar este almacenamiento e intercambio de información. Algunas de las **herramientas** más conocidas y sencillas de utilizar para ello son:

- ⊃ *Google Drive. Google Drive* es un servicio gratuito de *Google* que permite almacenar archivos en la nube. Hoy en día, ofrece una capacidad de hasta 15 GB para almacenar archivos. Es más, este servicio cuenta con diferentes herramientas de *Google* que también sirven para crear archivos, tales como documentos de texto, presentaciones, hojas de cálculo, etc. *Google Drive* reúne las principales herramientas de ofimática que ofrece *Google.*
  Una gran ventaja de este servicio es que permite editar archivos de manera conjunta y remota.
- ⊃ *Dropbox.* Esta es una herramienta de colaboración y almacenamiento de archivos *online* que permite a los usuarios guardar y compartir sus archivos en la nube. Así, se puede acceder a ellos desde cualquier dispositivo gracias a su sincronización.
  En su versión gratuita, *Dropbox* ofrece un almacenamiento de hasta 2 GB.
- ⊃ **Intranets.** Una es una red privada que utiliza tecnología de internet para compartir información parcial o total entre archivos de forma segura, a través de los equipos y sistemas operativos de una organización.
  Se trata de una red privada e interna que facilita el trabajo, ya que favorece el intercambio de archivos y la gestión de datos.

6. La nube, organización y compartición

 HILO CONDUCTOR

Iván se encuentra con otra desconocida: la nube. Necesita saber en qué consiste exactamente y analizar para qué le puede resultar útil en términos de organización y compartición.

La **nube** se puede definir como una **red mundial de servidores remotos** que permite almacenar datos y archivos en internet. A esta nueva nube se puede acceder de manera pública y a través de una conexión de red privada. De este modo, la nube sirve tanto para el almacenaje de dichos datos y archivos, como para compartirlos de manera fácil, rápida y segura.

✎ NOTA

Cuando se habla de la nube se hace referencia a algo que está almacenado en un servidor remoto, no en un lugar físico. Se puede acceder a ella desde cualquier lugar y dispositivo, por lo que favorece la movilidad y reduce las barreras de colaboración.

Actualmente, se pueden diferenciar tres tipos de nubes:

- **Nube pública.** Es la nube que ofrece sus servicios a cualquier usuario. Habitualmente, los usuarios pagan por el espacio de almacenamiento que requieran.
- **Nube privada.** Los servicios de la nube privada son ofrecidos a un número de usuarios limitado y se realiza a través de las redes empresariales.
- **Nube híbrida.** La nube híbrida es un conjunto de ambas: se pueden almacenar los datos en nubes públicas o privadas según las necesidades.

 **EJEMPLO**

Algunos ejemplos de nubes son *Dropbox, iCloud, Google Drive* o *Microsoft Azure.*

 **APLICACIÓN PRÁCTICA**

Alba es una *freelancer* que necesita ampliar su espacio de almacenamiento y ha decidido crear una cuenta de pago en *Dropbox* para poder almacenar ahí todos sus archivos esenciales y poder trabajar desde cualquier lugar. ¿Qué tipo de nube es?

Solución

Dropbox es una nube pública a la que tienen acceso los usuarios que pagan por diferentes planes en función de sus necesidades de almacenamiento.

7. Gestión de proyectos en la nube

 **HILO CONDUCTOR**

Además de compartir información a través de la nube, Iván también ve cómo esta puede ser de gran utilidad para la gestión de proyectos.

Una de las grandes ventajas de la nube en entornos empresariales es que permite **gestionar proyectos a través de la misma.** Así, la gestión en la nube se puede definir como el proceso mediante el cual se mantiene el control y la supervisión de los recursos, el personal y todos los avances que se generan sobre un proyecto.

Este tipo de gestión tiene múltiples **ventajas:**

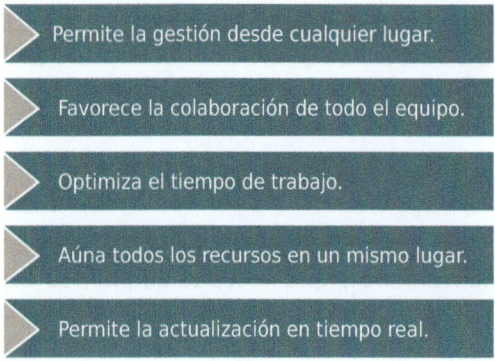

8. Redes virtuales, *Facebook, Youtube*

☞ HILO CONDUCTOR

Por último, Iván investiga sobre las redes virtuales y las posibilidades de incorporar *Facebook* y *Youtube*. ¿Qué ventajas le reportarían este tipo de aplicaciones?

Las **redes virtuales o redes sociales** son **plataformas digitales** que se utilizan también en las empresas para difundir contenido y mantener el contacto con los empleados. Estas redes sociales son comunidades digitales conformadas con individuos que están unidos por intereses, actividades o personas en común.

Así, sirven para poner en contacto a diferentes usuarios, difundir e intercambiar información. Las dos redes virtuales principales que se pueden utilizar en una empresa a favor de los equipos son:

➲ **Facebook.** *Facebook* es una de las redes sociales más famosas y utilizadas a nivel mundial actualmente. Esta red social permite crear perfiles personales y páginas de empresa, desde donde se pueden compartir publicaciones, imágenes, vídeos, hacer anuncios, interactuar con usuarios, participar en grupos, etc.
Se trata de una plataforma idónea para cualquier estrategia de *marketing* digital e incluso para *networking*.

➲ **YouTube.** *YouTube,* por su parte, es la plataforma por excelencia para subir y reproducir vídeos. Funciona como una televisión a la carta *online.* En ella se pueden encontrar vídeos de todo tipo en función a todas las temáticas, gustos o *hobbies.*

A nivel empresarial, es una herramienta más de comunicación y difusión que también ayuda mucho en la estrategia de *marketing* digital. Puede utilizarse para publicar vídeos de la empresa, de los trabajadores, de los servicios o productos, campañas de publicidad, eventos organizados, etc. También sirve para producir publicidad.

 TAREA 2

Beatriz está en su puesto de trabajo y necesita crear una presentación con diapositivas para su nuevo proyecto, además, debe elaborar dos informes: uno redactado y otro con una serie de datos numéricos para presentárselo a su equipo. Para esta presentación se va a reunir de manera remota con cinco compañeros. Una vez hecha la reunión y la presentación, compartirá los archivos que necesita con sus compañeros para que puedan trabajar de manera conjunta en el proyecto.

Ayuda a Beatriz a pensar cómo realizar todas las acciones y determinar qué herramientas puede utilizar para cada caso.

9. Resumen

Las principales herramientas que se pueden incorporar en un entorno empresarial para optimizar el uso de la tecnología son:

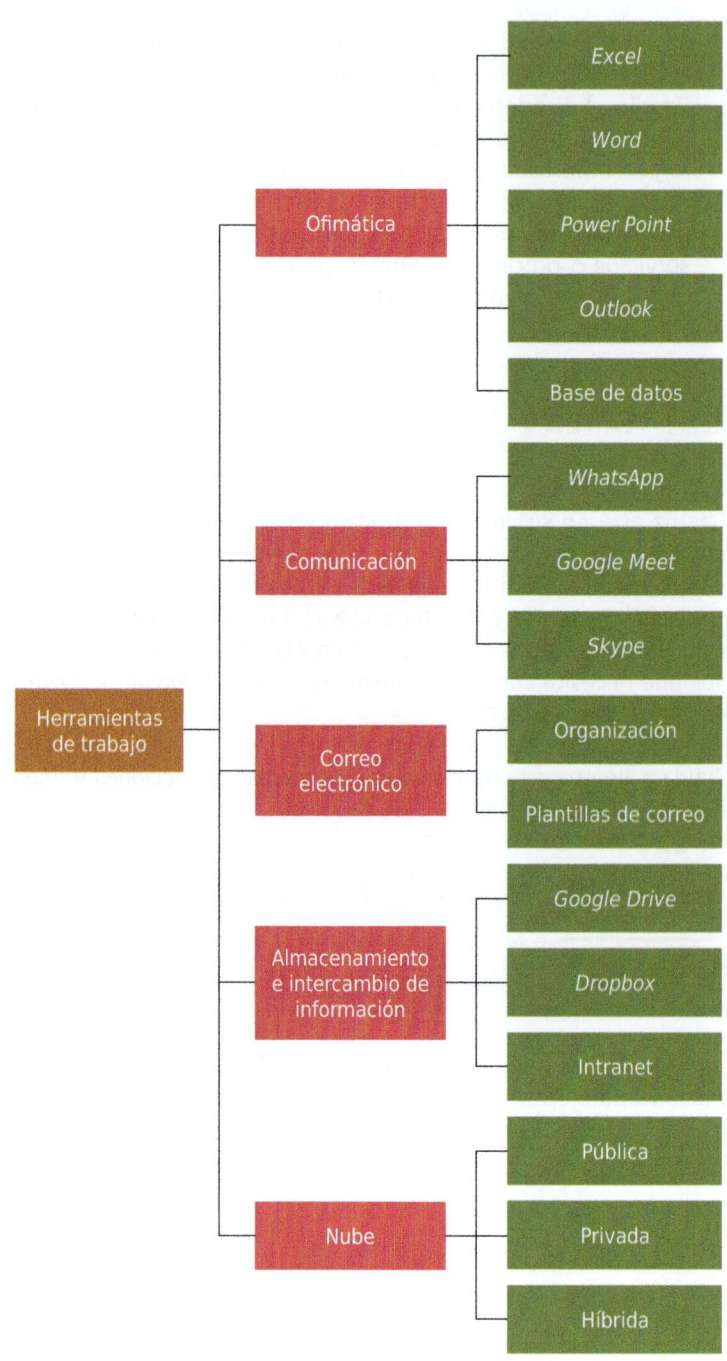

Ejercicios de autoevaluación
Unidad de Aprendizaje 2

1. Indica si la siguiente oración es verdadera o falsa: "La ofimática es el conjunto de técnicas informáticas que sirven para automatizar las labores de oficina mediante tecnologías avanzadas".

   - ■ Verdadero
   - ■ Falso

2. ¿A qué suite ofimática pertenecen *Excel, Word* o *Power Point?*

   a. *Google*
   b. *Microsoft X*
   c. *Microsoft 365*
   d. *Apple*

3. Indica si la siguiente oración es verdadera o falsa: "*Skype* es la herramienta para realizar videollamadas de *Google*".

   - ■ Verdadero
   - ■ Falso

4. En su versión gratuita, *Dropbox* permite hasta...

   a. ... 2 GB.
   b. ... 4 GB.
   c. ... 10 GB.
   d. ... 1 TB.

5. ¿Cuál es la red social para subir vídeos?

   a. *Facebook*
   b. *WhatsApp*
   c. *YouTube*
   d. *Skype*

Caracterización de conexiones en red

Contenido

Objetivos

El objetivo general de esta Unidad de Aprendizaje es:

→ Conocer los diferentes tipos de redes y los elementos que forman parte de una conexión de red empresarial.

Los objetivos específicos de esta Unidad de Aprendizaje son:

→ Identificar los elementos esenciales de una conexión de red, como el *router* y el VPN.

→ Nombrar los diferentes tipos de redes y conexiones empresariales.

→ Crear la conexión de red empresarial más adecuada según el tipo de empresa y sus circunstancias.

1. Introducción

Las empresas necesitan tener una red de conexiones estable y segura que les permita trabajar de forma eficiente. Pero estas redes no solo deben entenderse como conexiones a internet, sino también como redes entre equipos para poder transferir datos o información.

Por ello, es importante diferenciar entre *router* y VPN, dos elementos que son esenciales en cualquier organización. Igualmente, hay que diferenciar entre los tipos de conexión de red que existen para crear conexiones entre equipos, así como los tipos de conexión a internet.

Cada uno de ellos presenta una serie de características y ventajas para las empresas, por lo que cada una debe valorar adecuadamente cuál es la mejor opción para ella. Esto también es fundamental para poder tener una buena adaptación a las nuevas tecnologías.

Para comprenderlo mejor, nos centraremos en el caso de Iván quien, en la búsqueda de adaptar su negocio de muebles a esta nueva era digital, está averiguando sobre las conexiones de red.

2. *Router* y VPN

☞ **HILO CONDUCTOR**

Iván no solo quiere incluir la tecnología para mejorar sus tareas, sino también para conseguir una conexión más adecuada, tanto con internet como en sus equipos. Por ello va a analizar las conexiones en red para poder elegir lo que mejor se adapta a sus necesidades.

- -

Las conexiones en red de las empresas permiten tener un acceso a internet de manera segura y cómoda para todos los equipos. Aquí entran en juego algunas herramientas como el *router* y el VPN.

El **router** es un dispositivo que actúa como punto de conexión entre una red local e internet. Este dispositivo es el que gestiona el tráfico web y los datos que se intercambian entre dispositivos de diferentes redes permitiendo, de este modo, que varios equipos compartan una misma conexión a internet.

A su vez, este *router* está conectado a un módem (que, actualmente, ya está incorporado en el propio *router)* y envía la información de internet a los dispositivos que estén conectados: ordenadores, *tablets,* teléfonos, etc. Esta conexión puede ser a través de wifi o de cableado.

Por lo tanto, dicho de manera más concisa, el *router* es lo que necesita una empresa para permitir que todos sus dispositivos tengan conexión a una misma red de internet.

El VPN *(Virtual Private Network)* es una red privada virtual que se encarga de crear una red privada entre dispositivos. Así, se utiliza para transmitir datos de forma anónima y segura a través de redes públicas. Básicamente, el funcionamiento de un VPN consiste en ocultar las direcciones IP y cifrar los datos para que nadie pueda leerlos sin estar autorizado.

Se puede decir, pues, que las principales **funciones del VPN** son:

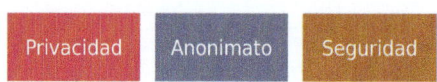

De este modo, una conexión VPN es muy interesante para las empresas, especialmente para aquellas que trabajan con múltiples datos y que comparten información de manera constante. Las **ventajas de tener una conexión VPN en la empresa** son las siguientes:

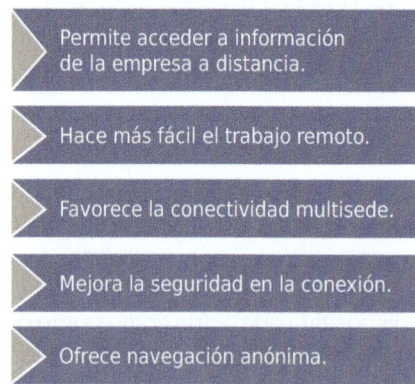

3. Aplicación de nuevas tecnologías a la empresa

☞ **HILO CONDUCTOR**

Iván es consciente de que una buena adaptación tecnológica también necesita un buen estudio y una buena elección. Por ello, debe analizar todas las redes para escoger la mejor opción.

La aplicación de nuevas tecnologías a la empresa pasa por la adaptación de las conexiones de red a la misma. Para poder utilizar adecuadamente estas nuevas tecnologías y aprovechar al máximo todas las ventajas que estas ofrecen, es necesario contar con redes que permitan una conexión estable y segura tanto a internet como entre todos los equipos.

Las conexiones de red empresariales se entienden como aquellas que tienen lugar dentro de un entorno empresarial. Hay **tres tipos de conexiones de red empresariales** y son las siguientes:

- **Red wifi.** La red wifi es una de las más populares actualmente y consiste en un tipo de conexión inalámbrica derivada de la red principal y que sirve para conectar a internet los diferentes equipos y dispositivos de la empresa.
- **Red LAN.** Una red LAN es la red local en la empresa y es la que se utiliza para intercambiar datos entre los ordenadores de esta. Este tipo de red no tiene que estar conectada a internet, pues se trata de una conexión entre equipos a través de cableado. Por ello, es idónea para empresas que no tienen tantos ordenadores y que la conexión por cable no supone un inconveniente.
- **Red WLAN.** Este tipo de red cumple la misma función que la red LAN pero de manera inalámbrica. Es especialmente útil en empresas grandes que tienen muchos ordenadores.

Además, se pueden diferenciar los siguientes **tipos de conexión a internet:**

- **Red cableada.** Tal y como su propio nombre indica, la red cableada es la conexión a internet que utiliza cables. También se conoce como Ethernet y permite transferir datos de 10 Mbps a 1.000 Mbps.
- **Red inalámbrica.** La red inalámbrica es la red wifi y permite una conexión a internet sin cables, transfiriendo datos a velocidades de 10 a 600 Mbps.
- **Red híbrida.** La red híbrida es la que combina ambos tipos de conexiones, en función del dispositivo que se esté utilizando. Algunos están

conectados por cable, mientras que otros lo están de forma inalámbrica; sin embargo, todos están conectados a la misma red.

APLICACIÓN PRÁCTICA

María va a renovar la conexión red de su empresa y tiene dudas sobre cuál es la mejor opción para ella. Es una pequeña empresa con una oficina de tres ordenadores en las que ambos equipos se encuentran en la misma ubicación. ¿Qué red será la más adecuada?

Solución

Al tratarse de una empresa pequeña con pocos ordenadores que se encuentran en un mismo espacio, la mejor opción es la red cableada para una conexión estable.

- -

TAREA 3

Adrián ha sido contratado como informático en una empresa dedicada a las inversiones en bolsa que gestiona las carteras de diferentes clientes. Así, se le ha solicitado que cree una red lo más estable y segura posible para poder compartir estos datos confidenciales entre equipos y trabajadores.

Dado que es una empresa grande, con más de cincuenta ordenadores y otros dispositivos como *tablets* y teléfonos móviles; y, en muchas ocasiones, algunos trabajadores pasan su jornada laboral fuera de la oficina, ¿qué elementos y qué red serían los más adecuados? Justifica la elección.

- -

4. Resumen

Las conexiones de red empresariales necesitan de dos elementos primordiales, aunque no todas las empresas utilizarán ambos a la par:

Asimismo, es necesario conocer que existen tres tipos de conexiones empresariales (no necesariamente a internet):

Igualmente, se diferencian tres tipos de conexiones de red a internet:

Ejercicios de autoevaluación
Unidad de Aprendizaje 3

1. **Indica si la siguiente oración es verdadera o falsa: "Los *routers* están siempre conectados a un módem".**

   ■ Verdadero
   ■ Falso

2. **El VPN sirve para...**

   a. ... cifrar datos.
   b. ... ocultar la IP.
   c. ... navegar de forma anónima.
   d. Todas las opciones son correctas.

3. **Indica si la siguiente oración es verdadera o falsa: "Una red WLAN es una red completamente inalámbrica".**

   ■ Verdadero
   ■ Falso

4. **Una red inalámbrica es idónea para...**

   a. ... grandes empresas con muchos equipos.
   b. ... autónomos.
   c. ... pequeñas empresas con pocos equipos.
   d. ... multinacionales que trabajen con clientes internacionales.

5. **El *router*...**

   a. ... solo se puede conectar con cable.
   b. ... actúa como punto de conexión entre una red local e internet.
   c. ... gestiona el tráfico web y los datos que se intercambian entre dispositivos.
   d. Las opciones b y c son correctas.

Uso del comercio electrónico

Contenido

Objetivos

El objetivo general de esta Unidad de Aprendizaje es:

→ Descubrir los principales elementos de seguridad y *marketing* que conforman un comercio electrónico.

Los objetivos específicos de esta Unidad de Aprendizaje son:

→ Sintetizar los elementos que aseguran un uso fiable del comercio electrónico.

→ Identificar las principales acciones de *marketing* digital que se pueden realizar en un comercio electrónico.

1. Introducción

El comercio electrónico es uno de los pilares fundamentales en un negocio, especialmente en un negocio que quiere dar el salto al mundo digital. Sin embargo, lanzar y gestionar un comercio electrónico no es tan sencillo como parece, pues es preciso tener en cuenta algunos elementos.

El primero es el de la seguridad, ya que es necesario ofrecer un entorno seguro donde se protejan los datos de los usuarios y se aseguren las transacciones. Para ello, se utilizan una serie de certificados y protocolos muy sencillos de instalar.

Por otro lado, para que un comercio electrónico funcione, también es necesario realizar acciones de *marketing* digital, las cuales ayudarán tanto a posicionar la página web como a conseguir las ansiadas ventas.

Para entender esto mejor, nos centraremos en el caso de Iván, quien sigue en el proceso de adaptar su negocio al mundo digital.

2. Aplicación de medidas preventivas para una compra segura

☞ **HILO CONDUCTOR**

Para asegurarse de que su negocio cumple con los requisitos de la era digital, Iván averigua qué puede hacer para que su tienda *online* ofrezca una compra segura a sus clientes.

La compra segura en un *e-commerce* debe venir, en parte, proporcionada por los propios gestores del comercio electrónico. Por lo tanto, si una empresa cuenta con una tienda *online* debe ofrecer los siguientes **elementos de seguridad:**

⮕ **Certificado SSL.** El certificado SSL *(Secure Sockets Layer)* es el encargado de cifrar la información confidencial que envían los usuarios. Así, se protegen todos los datos delicados como contraseñas, nombres de usuario o tarjetas, para que resulten ilegibles para todos, excepto para el servidor del destinatario. El icono de un candado cerrado refleja si tiene certificado SSL.

- **HTTPS.** El HTTPS se trata de un protocolo que debería utilizarse en todas aquellas páginas web en las que se traten datos personales. Este, también se encarga de cifrar los datos personales y es algo que *Google* valora mucho a la hora de posicionar una página web en su buscador.

- **Cortafuegos.** Los cortafuegos, también llamados *firewalls,* son un sistema de protección que sirve para proteger una red de un posible ataque. Este actúa como una compuerta y tan solo permite la entrada al tráfico autorizado, bloqueando el acceso a todo aquel que parezca sospechoso.

  En los *e-commerce* o comercios electrónicos se suelen utilizar los *proxys,* que son cortafuegos que actúan como programas intermediarios entre las redes.

 RECUERDA

Un sitio web seguro es fundamental para que los clientes sientan confianza en la empresa y tengan una experiencia satisfactoria con la misma.

 PARA SABER MÁS

Puedes saber qué otras medidas puedes tomar a nivel de usuario cuando vas a comprar en un comercio electrónico leyendo la guía elaborada por la Policía Nacional, a la que puedes acceder desde aquí:

https://redirectoronline.com/fcoi090401

ACTIVIDAD COMPLEMENTARIA

2. Accede a algún comercio electrónico o página web que visites con frecuencia y detecta si tiene alguno de los elementos de seguridad nombrados anteriormente.

3. *Marketing online*

 HILO CONDUCTOR

Además de la seguridad, Iván también investiga un poco más sobre qué acciones debe considerar a la hora de poner en marcha un plan de *marketing online.*

El *marketing online* es una parte esencial de la era digital y cualquier empresa que inicie su transformación digital debe tener en cuenta este aspecto. Así, para poder instaurar una estrategia de **marketing online en un comercio electrónico** se pueden realizar diferentes **acciones:**

1. **SEO.** SEO *(Search Engine Optimization)* es el posicionamiento orgánico y son las acciones que se llevan a cabo para aprender en las primeras posiciones en los motores de búsqueda.
2. **SEM.** SEM *(Search Engine Marketing)* son las campañas de publicidad pagadas que se hacen en los motores de búsqueda, especialmente *Google,* por lo que es posicionamiento de pago.
3. **Cuidar las imágenes.** En un comercio electrónico y dentro de una campaña de *marketing online* es necesario cuidar las imágenes, pues estas deben ser relevantes, de buena calidad, tener un nombre que ayude a posicionarse y, además, no pueden pesare demasiado.
4. **Optimizar la página de pago.** Se trata de optimizar la página de pago de forma que sea intuitiva, sencilla y que evite los carritos abandonados.
5. **Redes sociales.** El *marketing online* de un comercio electrónico también debe centrarse en las redes sociales, actualizando los perfiles y realizando campañas de pago si es necesario.
6. **Incluir testimonios de clientes.** En una campaña de *marketing* para comercio electrónico se aconseja incluir testimonios de clientes que den veracidad y confianza.

7. **E-mail marketing.** El *e-mail marketing* es casi indispensable en una estrategia de *marketing online* y se trata de enviar correos electrónicos para mantenerse en contacto con los clientes, anunciar ofertas, novedades, etc.

8. **Responsive design.** El *responsive design* es el diseño adaptativo que consigue tener un diseño de la página web amigable que se adapta a todos los entornos y dispositivos desde los que puede acceder el usuario a la misma.

9. **Tiempo de carga.** Es muy importante, tanto para el posicionamiento como para la satisfacción del cliente, que los tiempos de carga de la página web sean rápidos. Se recomienda que el tiempo de carga no sea superior a 2s.

10. **Cupones de descuento.** Ofrecer cupones de descuento es otra acción de *marketing online* muy interesante para que funciones un comercio electrónico.

 TAREA 4

Alberto trabaja en una agencia de *marketing digital* y es el responsable de optimizar el comercio electrónico de un nuevo cliente que ha recibido. Este nuevo cliente es una pequeña empresa que realiza sus propias creaciones en cerámica y quiere vender a particulares. Nombra, al menos, cinco acciones que puede realizar Alberto para promover el *marketing online* en este comercio electrónico, justificando la respuesta.

- -

4. Resumen

La adaptación digital de una empresa también necesita tener en cuenta las exigencias de un comercio electrónico, especialmente a nivel de seguridad y de *marketing online.*

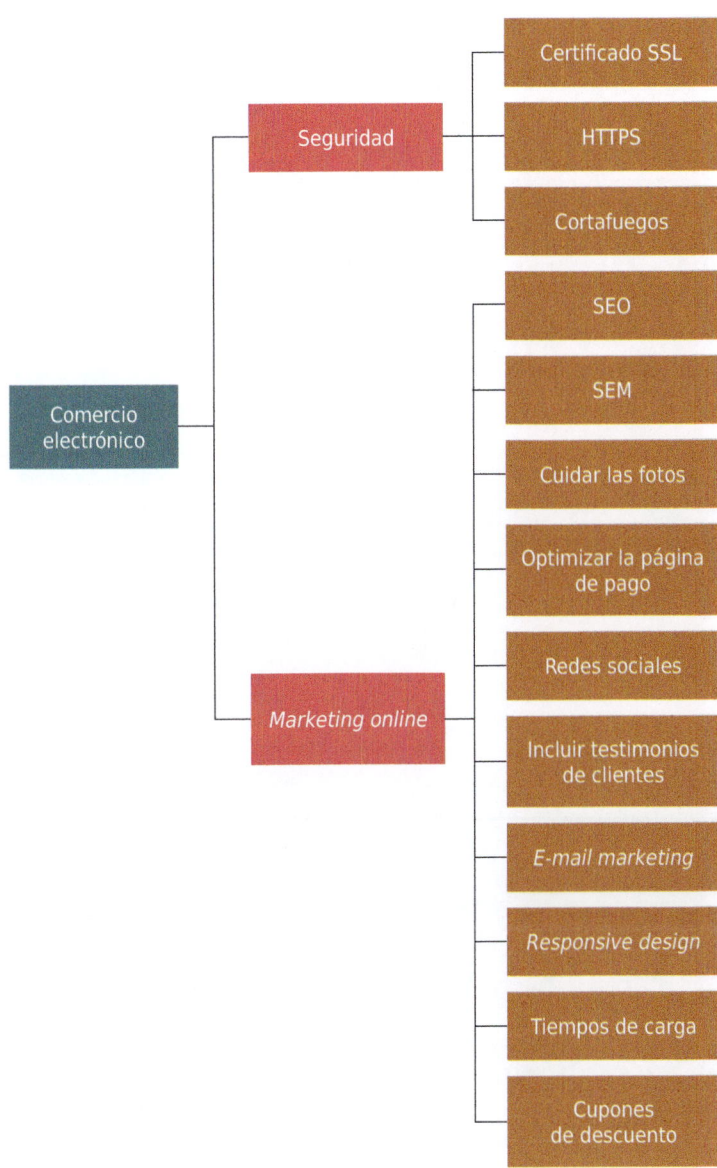

Ejercicios de autoevaluación
Unidad de Aprendizaje 4

1. Indica si la siguiente oración es verdadera o falsa: "SSL significa *Secure Sockets Layer*".

   ■ Verdadero
   ■ Falso

2. Un cortafuegos actúa como:

   a. Puerta de entrada
   b. Puerta de salida
   c. Compuerta
   d. Cristalizante

3. La publicidad de pago es llamada:

   a. SEO
   b. *E-mail marketing*
   c. SEM
   d. *Responsive design*

4. Indica si la siguiente oración es verdadera o falsa: "Se recomienda que el tiempo de carga no sea superior a 5 segundos".

   ■ Verdadero
   ■ Falso

5. Incluir testimonios de clientes aporta...

   a. ... veracidad.
   b. ... tiempo de carga.
   c. ... confianza.
   d. Las opciones a y c son correctas.

Manejo de teléfonos inteligentes

Contenido

Objetivos

El objetivo general de esta Unidad de Aprendizaje es:

→ Conocer el uso del teléfono inteligente en el ámbito laboral.

Los objetivos específicos de esta Unidad de Aprendizaje son:

→ Identificar las principales tareas que se pueden realizar con un teléfono inteligente.

→ Diferenciar los principales tipos de conectividad móvil, entendiendo sus diferencias y ventajas en cada situación.

→ Descubrir dónde y cómo buscar y descargar aplicaciones en el teléfono inteligente.

1. Introducción

La adaptación y transición digital no solo implica hacer uso de herramientas *online,* como redes sociales o páginas web, sino que también implica el uso de otros dispositivos tecnológicos que tenemos a nuestro alcance y que están en el día a día. Este es el caso de los teléfonos inteligentes.

Estos dispositivos que llevamos prácticamente siempre con nosotros también pueden ser grandes aliados para hacer una transformación digital en la empresa, sobre todo a la hora de gestionar comunicaciones y conectividades.

Así, es necesario conocer las funcionalidades que estos teléfonos ofrecen, como las llamadas, los contactos o el correo electrónico. Pero también se debe aprender a buscar y descargar aplicaciones, así como a entender las diferentes formas de conectividad y cuál es mejor en cada caso.

Para comprenderlo mejor, nos seguiremos centrando en el caso de Iván, quien quiere aprovechar también el uso de su teléfono móvil inteligente para poder explotar todas las posibilidades que ofrece el mundo digital en su negocio.

2. Manejo de la operativa de llamadas, contactos, mensajes y correos

☞ HILO CONDUCTOR

Iván quiere darle un mejor uso a su teléfono móvil y quiere que sus empleados también puedan aprovechar estos dispositivos. ¿Para qué pueden servir en su empresa?

El *smartphone* o teléfono inteligente es un dispositivo fundamental hoy en día, especialmente si hablamos de empresas y entornos digitales. Estos dispositivos permiten realizar diferentes tareas que facilitan la gestión de proyectos, las comunicaciones con proveedores o clientes e, incluso, el manejo de redes sociales y otras aplicaciones destinadas al *marketing.*

Así, las principales **acciones** que se pueden realizar con un **teléfono inteligente** son:

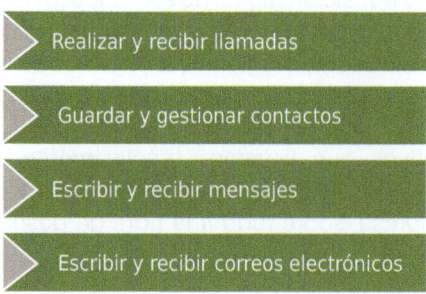

3. Búsqueda e instalación de aplicaciones en el teléfono móvil

 **HILO CONDUCTOR**

Para poder ser más productivo y conseguir un adecuado funcionamiento de estos dispositivos, Iván necesita saber cómo buscar e instalar aplicaciones según sus necesidades. ¿Qué pasos debe dar?

Una de las grandes ventajas de los teléfonos inteligentes es que permiten descargar diferentes aplicaciones en función a las necesidades de cada usuario. Así, se pueden descargar aplicaciones destinadas a la productividad, a la gestión de equipos, a la mensajería instantánea, a la edición de contenido, etc.

Estas aplicaciones se pueden encontrar, normalmente, en las tiendas de aplicaciones que vienen integradas en los propios *smartphones,* desde donde se pueden buscar y descargar las aplicaciones necesarias.

Algunas aplicaciones para teléfonos *Android* se pueden descargar mediante su archivo APK *(Android Application Package),* sin necesidad de buscarlas en las tiendas de aplicaciones. Pero esto no es lo más común.

NOTA

Hay aplicaciones tanto gratuitas como de pago.

En función de si el teléfono inteligente tiene sistema operativo *Android* o iOS se utilizará una **tienda de aplicaciones** u otra. Las dos más conocidas son:

- ➲ **Google Play Store.** La *Google Play Store* es la tienda de aplicaciones por excelencia de los dispositivos *Android*. Aquí se pueden encontrar todo tipo de aplicaciones. Para ello, tan solo hace falta utilizar el buscador para poner el nombre de la aplicación o qué tipo de aplicación es (por ejemplo, "calendario", "organización", etc.) y aparecerán todas las opciones disponibles. Después, bastará con hacer clic en descargar y la aplicación se instalará automáticamente en el teléfono.
- ➲ **App Store.** La *App Store* es la tienda de las aplicaciones de Apple, es decir, de los dispositivos iOS. Tiene el mismo funcionamiento que la tienda de *Android* y alberga una gran cantidad de aplicaciones que se pueden utilizar en estos teléfonos inteligentes. La búsqueda y descarga es igual de sencilla.

NOTA

Hay marcas de teléfonos inteligentes, como Samsung, que tienen su propia tienda de aplicaciones, la *Galaxy Store*. En esta tienda hay aplicaciones exclusivas desarrolladas para estos teléfonos en concreto.

ACTIVIDAD COMPLEMENTARIA

3. Busca en alguna de las tiendas de aplicaciones de la que dispongas, una aplicación de "To Do list" para organizar las tareas que se tienen que hacer en el día a día. Puede ser la aplicación que desees, y descargarla en tu teléfono móvil. Una vez hecho, puedes compartir el proceso con el resto de

Continúa en página siguiente >>

<< Viene de página anterior

participantes y explicar si te ha resultado sencillo, si ha sido intuitivo o si has encontrado algún problema en el mismo.

---

4. Identificación y discriminación de la conectividad móvil (WiFi, *Bluetooth,* Datos)

 HILO CONDUCTOR

Asimismo, para poder utilizar el teléfono inteligente y mantenerse conectado tanto en interior como en exterior, Iván quiere conocer las posibilidades de conectividad móvil que tiene.

Otra ventaja de los teléfonos inteligentes es que ofrecen diferentes tipos de conectividad móvil. Así, es posible mantenerse conectado en todo momento tanto a internet como a otros dispositivos para compartir archivos, datos u otros elementos.

De este modo, los **tres principales tipos de conectividad móvil** que se pueden encontrar en un teléfono inteligente son:

- ⮑ **Wifi.** Wifi es el mecanismo que permite la conexión de dispositivos electrónicos a una red de internet de forma inalámbrica. Así, tan solo necesitan conectarse a un punto de acceso (que suele ser un *router)* de manera inalámbrica y tendrán acceso a internet.
  Esta forma de conectividad es la más adecuada cuando se está dentro de oficinas, empresas u otros entornos donde hay conexión wifi disponible. En este caso, no hay límite de conexión, pero la velocidad de navegación vendrá determinada por lo que cada compañía tenga contratado.
- ⮑ ***Bluetooth.*** La conectividad *bluetooth* es un sistema de comunicación inalámbrico para redes de corto alcance. Este tipo de conectividad sirve para conectar dispositivos entre sí, de forma que se puedan enviar archivos y documentos sin necesidad de tener que estar conectados mediante clave. Se pueden conectar móviles entre sí, o un móvil a un ordenador o portátil, por ejemplo.

Aquí, las comunicaciones se realizan por radiofrecuencia, de modo que no es necesario que los dispositivos estén alineados, incluso pueden estar en habitaciones separadas.

● **Datos móviles.** Los datos móviles son el tipo de conectividad que permite acceder a internet sin tener que depender de una red wifi. Para poder tener datos móviles hay que tener asociada una tarjeta SIM (una línea de teléfono) y, aquí, la velocidad de conexión y la cantidad de datos disponibles dependerá de lo que se tenga contratado en cada caso particular. Del mismo modo, dependerá de la cobertura, de las antenas que haya cercanas, etc.

En los datos móviles se pueden encontrar tres tipos diferentes: 3G, 4G y 5G, siendo este último el más reciente y el que más banda ancha ofrece.

 TAREA 5

Rocío es la comercial de una empresa de decoración y necesita estar en contacto con sus compañeros y clientes, gestionando nuevos contratos y solventando dudas. Para ello, necesita un calendario y una herramienta con la que editar y formar estos documentos. Del mismo modo, en un mismo día, visita a diferentes clientes por la ciudad y trabaja al final de su jornada desde su oficina. En ambos casos necesita conexión a internet en todo momento.

Explica cómo puede utilizar Rocío su teléfono móvil para su trabajo, así como qué tipo de herramientas o conectividades utiliza en su día a día.

- -

5. Resumen

El teléfono inteligente o *smartphone* también es una herramienta indispensable en la transición digital de las empresas. Con este, se pueden realizar diferentes acciones muy interesantes en el día a día que facilitarán el trabajo, así como la comunicación con los clientes, con los compañeros y con los proveedores.

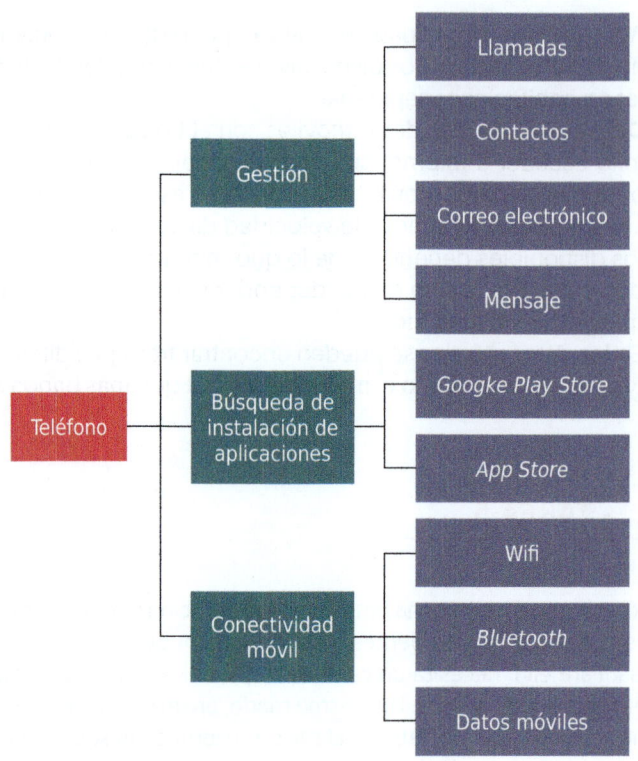

Ejercicios de autoevaluación
Unidad de Aprendizaje 5

1. Indica si la siguiente oración es verdadera o falsa: "En los teléfonos inteligentes es posible guardar y gestionar contactos".

   ■ Verdadero
   ■ Falso

2. ¿Qué nombre reciben los archivos de aplicaciones para *Android* que no se descargan desde la tienda de aplicaciones?

   a. APP
   b. PKA
   c. AKP
   d. APK

3. La tienda de aplicaciones de iOS se llama...

   a. ... *App Store.*
   b. ... *iOS Store.*
   c. ... *Google Play Store.*
   d. ... *iTunes Store.*

4. Si quieres enviar un documento al teléfono de otro compañero mediante una de las siguientes opciones de conectividad móvil, ¿cuál deberías utilizar?

   a. Wifi
   b. *Bluetooth*
   c. Datos móviles
   d. Todas las opciones son incorrectas.

5. Indica si la siguiente oración es verdadera o falsa: "Los datos móviles más recientes y con mayor velocidad son los 3 G".

   ■ Verdadero
   ■ Falso

Utilización
de *tablets*

Contenido

Objetivos

El objetivo general de esta Unidad de Aprendizaje es:

→ Analizar los parámetros de una *tablet*.

Los objetivos específicos de esta Unidad de Aprendizaje son:

→ Identificar los principales ajustes que se pueden realizar en una *tablet*.

→ Personalizar la pantalla de la *tablet*.

→ Interiorizar la gestión de aplicaciones de una *tablet*.

→ Resumir los principales sistemas operativos de una *tablet*.

1. Introducción

Las *tablets* son dispositivos electrónicos más ligeros y pequeños que un ordenador portátil, pero que pueden ayudar mucho a la hora de realizar ciertas tareas en un negocio. Así, para poder utilizar una *tablet* adecuadamente, es necesario realizar una serie de configuraciones, ya que es posible adaptarla a las necesidades y gustos de cada usuario.

Los principales parámetros que se pueden configurar en una *tablet* tienen que ver con el uso de esta. Así, se puede configurar la pantalla, el brillo, el tamaño de la fuente o el tipo de bloqueo. Del mismo modo, se pueden configurar las diferentes aplicaciones, el sistema operativo o, incluso, el navegador. Otros parámetros a conocer y personalizar pueden ser las notificaciones, la gestión de la interfaz o la conexión a internet.

Para comprenderlo mejor, nos centraremos en el caso de Iván, quien, para dar el último paso a la integración digital, va a incorporar las *tablets* en su negocio.

2. Principales ajustes de la *tablet*

 HILO CONDUCTOR

Es la primera vez que Iván utiliza una *tablet* por lo que, en estos primeros pasos, necesita averiguar cuáles son los principales ajustes que puede realizar.

Las *tablets* son unos dispositivos electrónicos con un tamaño mayor que un teléfono inteligente, pero menor que un ordenador portátil. Así, son ligeras y fáciles de transportar, por lo que son un gran acierto a la hora de realizar ciertos trabajos.

Los principales **ajustes** que se deben tocar en una *tablet* para poder **configurarla** al gusto y a las necesidades deseadas son:

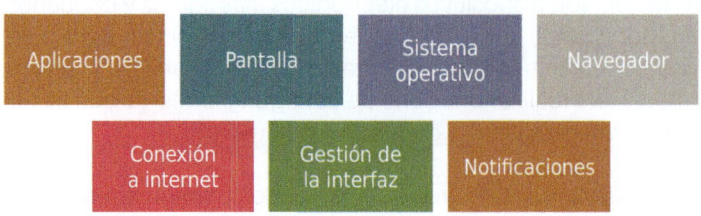

 **NOTA**

Estos aspectos se pueden configurar en cualquier momento y ajustarse así a las necesidades del usuario. No son ajustes fijos, sino que se pueden personalizar a lo largo de todo su uso.

3. Gestión de aplicaciones

☞ **HILO CONDUCTOR**

Asimismo, para poder utilizar dicha *tablet,* Iván necesita gestionar sus aplicaciones. ¿Cómo las descarga? ¿Cómo puede eliminarlas? ¿Es posible borrar y volver a descargar aplicaciones?

Al igual que ocurre con los teléfonos inteligentes, las *tablets* necesitan aplicaciones para poder trabajar. Y si bien es cierto que algunas de estas aplicaciones ya vienen instaladas en el dispositivo por defecto, existen muchas que se pueden buscar y descargar.

En este caso, la descarga de aplicaciones en una *tablet* funciona del mismo modo que en los *smartphones:* se debe acceder a la tienda de aplicaciones, buscar la *app* deseada y descargarla para empezar a usarla.

Así, existen dos tiendas de aplicaciones principales, en función del sistema operativo de la *tablet:*

 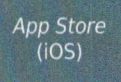

 **IMPORTANTE**

Las aplicaciones se pueden desinstalar y borrar de la *tablet* en cualquier momento.

4. Sistema operativo

 HILO CONDUCTOR

Además, Iván también desea aprender un poco más sobre el sistema operativo de su *tablet.* ¿Cuál está utilizando? ¿Por qué se caracteriza?

El sistema operativo es el *software* que hace funcionar a la *tablet.* A grandes rasgos, existen cuatro grandes sistemas operativos, y es ese sistema operativo el que marca la diferencia entre un tipo de *tablet* u otra. Los principales **sistemas operativos** son:

- ⇒ **Android.** *Android* es uno de los sistemas operativos más conocidos, no solo en los *smartphones,* sino también en las *tablets.* De hecho, a día de hoy, se utiliza en más de 2.500 millones de dispositivos activos.
  Es un sistema operativo que compite especialmente con iOS y que está siempre actualizado en materia de seguridad, conectividad y usabilidad.
- ⇒ **iOS.** Este es el sistema operativo que se encuentra en las *tablets* fabricadas por Apple, llamadas iPad. Este destaca por ser un sistema operativo muy seguro y que permite la colaboración entre dispositivos de la misma marca de una forma muy segura.

Ofrece un diseño peculiar y característico que lo hace reconocible a simple vista.

- **Windows.** Otro sistema operativo que se puede encontrar en las *tablets* es *Windows,* el famoso sistema operativo para ordenadores y portátiles.

- **Chrome OS.** *Chrome OS* es el sistema operativo de las *tablets* diseñadas por *Google.* Se trata de un sistema operativo rápido que da prioridad a la nube, por lo que es una gran opción para trabajadores que buscan dispositivos seguros y rápidos.

APLICACIÓN PRÁCTICA

Inma tiene un iPhone y quiere comprarse una *tablet* con la que pueda conectar ambos dispositivos y compartir datos de uno a otro. ¿Qué sistema operativo debe tener esta *tablet?*

Solución

iOS es el sistema operativo de los dispositivos *Apple* y una de sus grandes ventajas es que permite el trabajo colaborativo entre dispositivos de la misma marca, compartiendo datos y archivos fácilmente.

---

5. Pantalla

☞ HILO CONDUCTOR

Para poder tener una experiencia más cómoda cada vez que le de uso a la *tablet,* Iván también va a configurar y personalizar la pantalla. Iván descubre que puede modificar muchos elementos en la pantalla de su *tablet.*

La pantalla es uno de los elementos clave de las *tablets,* ya que es donde aparecen todas las aplicaciones y donde tiene lugar toda la actividad que se realiza en la *tablet.* Por ello, contar con una pantalla que se adecúe a las necesidades de visualización y uso de los usuarios es fundamental.

Para poder adaptar estas pantallas se pueden tocar algunos **parámetros** como:

- ➲ **Brillo.** El brillo es la claridad con la que se ve la pantalla y este se puede adaptar en todo momento, subiendo el brillo en condiciones de poca visibilidad o bajándolo en momentos en los que no se necesite tanta claridad.
- ➲ **Tamaño de la fuente.** Para poder ver las letras en la pantalla, también es posible configurar el tamaño de la fuente según las preferencias y necesidades. Así, una fuente más grande ocupará un mayor espacio en la pantalla.
- ➲ **Bloqueo de la pantalla.** El bloqueo de la pantalla hace referencia al modo en que se bloquea y desbloquea la pantalla cuando esta está inactiva. Es posible decidir si se quiere crear un pin de desbloqueo, dibujar un patrón, deslizar, etc., hay diferentes opciones disponibles y cada usuario puede escoger la más afín a él.

NOTA

El tamaño de la pantalla también influye. El tamaño de la *tablet* es casi el tamaño de la pantalla; por eso, es importante escoger una pantalla de un tamaño adecuado. Los tamaños más comunes son 7", 8", 9" o 10".

- -

6. Otros aspectos

👉 **HILO CONDUCTOR**

Por último, para poder adaptar la *tablet* a sus necesidades y preferencias, Iván va a intentar descubrir qué otros elementos del dispositivo son configurables.

- -

En una *tablet* se pueden configurar otros aspectos también importantes para poder darle un uso más optimizado y personalizado. Así pues, estos **aspectos a configurar** son:

- ➲ **Navegador.** El navegador es la aplicación que se utiliza para acceder a internet. Se utilizará también como motor de búsqueda y es, de hecho, una de las herramientas más utilizadas en una *tablet*. Habitualmente, el navegador más común es *Chrome,* aunque también se pueden utilizar otros como *Modzilla Firefox, Edge, Bing* o incluso *Safari,* para *Apple*.

➲ **Conexión a internet.** También es posible configurar la conexión a internet. Habitualmente, las *tables* se conectan a internet a través de conexión wifi, aunque hay algunas que admiten tarjetas SIM para una conectividad de datos móviles (3G, 4G o 5G).

En las *tablets,* al igual que los ordenadores, es posible escoger a qué red wifi se quiere conectar en cada momento, así como desconectarse si se prefiere.

➲ **Gestión de la interfaz.** La gestión de la interfaz hace referencia a cómo se ve la pantalla de inicio, qué accesos directos se quieren, cuál es el orden de los botones en la pantalla y esa serie de cuestiones que tienen que ver con el uso y adaptabilidad del dispositivo.

➲ **Notificaciones.** Las notificaciones también se pueden configurar. Se puede escoger de qué aplicaciones se quiere recibir notificaciones y de cuáles no, así como qué tipo de notificación se quiere ver, cómo se quieren agrupar o qué tipo de sonido se desea.

 TAREA 6

Álvaro ha decidido comprarse una *tablet* para su emprendimiento. Teniendo en cuenta que nunca ha utilizado una, deberás enunciar los principales elementos que debe configurar para poder poner en marcha la *tablet* y personalizarla a su gusto.

- -

7. Resumen

En una *tablet* se pueden configurar los siguientes elementos:

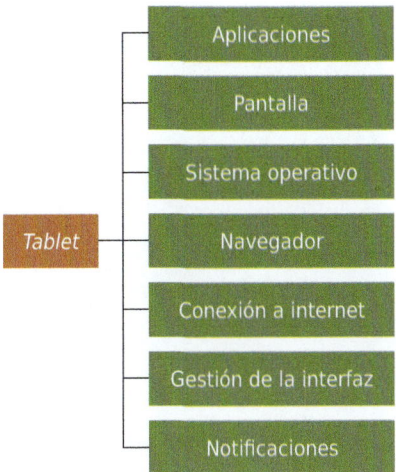

Ejercicios de autoevaluación
Unidad de Aprendizaje 6

1. Indica si la siguiente oración es verdadera o falsa: "Los principales aspectos de la *tablet* no se pueden volver a configurar desde el momento en que se ajusten por primera vez".

   ■ Verdadero
   ■ Falso

2. El sistema operativo de *Google* es...

   a. ... *Android.*
   b. ... *iOS.*
   c. ... *Windows.*
   d. ... *Chrome OS.*

3. ¿Cuál de las siguientes opciones es un tamaño de pantalla común?

   a. 8"
   b. 9"
   c. 10"
   d. Todas las opciones son correctas.

4. ¿Cuál de las siguientes opciones es un bloqueo de pantalla?

   a. Dibujar un patrón.
   b. Escribir una frase.
   c. Introducir el código de desbloqueo.
   d. Las opciones a y c son correctas.

5. ¿Cuál es el principal navegador de *Apple?*

   a. *Safari*
   b. *Chrome*
   c. *Edge*
   d. *Firefox*

Glosario

CV
Currículum Vitae. Resumen breve de las experiencias formativas y laborales de una persona, junto a sus habilidades profesionales.

Dirección IP
Dirección única o etiqueta numérica que identifica a un dispositivo en internet o en una red local.

E-commerce
Es el comercio electrónico o tienda *online* donde las transacciones comerciales se realizan a través de internet.

Estrategia digital
Conjunto de acciones y medidas que se llevan a cabo para alcanzar los objetivos marcados anteriormente.

Intranet
Red privada que utiliza tecnología de internet para compartir información parcial o total entre archivos de forma segura, a través de los equipos y sistemas operativos de una organización.

Marketing digital
Conjunto de estrategias que están enfocadas a promocionar una marca o un comercio en internet.

Ofimática
Conjunto de técnicas informáticas formadas que sirven para automatizar las labores de oficina mediante tecnologías avanzadas, gracias a programas y aplicaciones.

Redes sociales
Comunidades digitales conformadas por individuos que están unidos por intereses, actividades o personas en común.

Router

Dispositivo que actúa como punto de conexión entre una red local e internet. Este dispositivo gestiona el tráfico web y los datos que se intercambian entre dispositivos de diferentes redes. De este modo, permite que varios equipos compartan una misma conexión a internet.

Transformación digital

Proceso mediante el cual las compañías se reorientan para aplicar el uso de las tecnologías emergentes en todos los departamentos de esta.

Visión corporativa

La visión corporativa o la visión empresarial es la declaración en la que se afirma hacia dónde se dirige la empresa a largo plazo y en qué se quiere convertir en el futuro.

Visión digital

Guía en la que se define cómo las tecnologías pueden ser aprovechadas en la organización para alcanzar la visión corporativa.

VPN

Virtual Private Network. Red privada virtual que se encarga de crear una red privada entre dispositivos. Se utiliza para transmitir datos de forma anónima y segura a través de redes públicas, ocultando las direcciones IP y cifrando los datos.

Bibliografía

Textos electrónicos, bases de datos y programas informáticos

→ 20 estrategias de *marketing* para generar ventas en *e-commerce,* de: https://www.cyberclick.es/numerical-blog/estrategias-de-marketing-para-generar-ventas-en-ecommerce

> Completo artículo en el que se detallan las principales estrategias de *marketing* que se pueden realizar en un *e-commerce* para impulsar las ventas. Se incluyen ejemplos.

→ 3 medidas de seguridad fundamentales para un *e-commerce,* de: https://www.escueladeinternet.com/medidas-seguridad-ecommerce

> Interesante artículo que recoge las principales medidas de seguridad que se deben tomar para proteger un *e-commerce* y a los usuarios que navegan por él.

→ Cómo crear un plan de transformación digital paso a paso (con ejemplo), de: https://blog.hubspot.es/sales/plan-transformacion-digital

> Guía muy completa que sirve para poner en marcha un plan de transformación digital en una empresa.

→ Competencias informáticas básicas: ofimática básica, de: https://biblioguias.unex.es/c.php?g=572087&p=3944665

> Interesante guía donde se recogen los principales programas que conforman la ofimática básica en un entorno empresarial.

→ Conectividad móvil. Tecnologías 3G, 4G, Wifi y *Bluetooth,* de: https://mastermoviles.gitbook.io/tecnologias2/conectividad-movil.-tecnologias-3g-4g-wifi-y-bluetooth

> Muy interesante artículo en el que se detalla tanto la historia como la definición de las principales variantes de conectividad móvil.

→ Configurar la red de su pequeña empresa, de: https://learn.microsoft.com/es-es/troubleshoot/windows-client/networking/set-up-your-small-business-network

> Artículo muy interesante de *Windows* en el que se explica cómo se puede configurar una red en una pequeña empresa de manera efectiva.

→ *Facebook:* ¡todo sobre la red social más usada en el mundo!, de: https://rockcontent.com/es/blog/facebook/

> Un artículo muy completo en el que se habla en profundidad sobre la red social *Facebook.*

→ La transformación digital: elementos clave para diseñar la estrategia, de: https://blog.emprendimientocolectivo.org/la-transformacion-digital-elementos-clave-para-disenar-la-estrategia/

> Un artículo muy útil para aprender cómo se puede diseñar la estrategia de transformación digital dentro de una empresa.

→ La visión digital como elemento clave en la transformación digital, de: https://makaia.org/la-vision-digital-como-elemento-clave-en-la-transformacion-digital/

> Completo artículo en el que se habla sobre la visión digital y cuál es su rol en la transformación digital. Muy útil para entender la diferencia entre ambos conceptos y su relación.

→ Qué es *Google Meet,* cómo funciona y cómo utilizarlo, de: https://blog.hubspot.es/marketing/como-usar-google-meet

> Completo artículo en el que se describe en profundidad la aplicación de *Google Meet,* cuál es su funcionamiento y cómo se puede utilizar.

→ Qué es la ofimática y cuáles son sus principales programas, de: https://www.caltico.es/que-es-la-ofimatica-y-cuales-son-sus-principales-programas/

> Artículo en el que se detalla qué es la ofimática y qué programas se utilizan en esta competencia.

→ Qué es la transformación digital: características, proceso y ejemplos, de: https://blog.hubspot.es/sales/transformacion-digital

> Artículo en el que se habla en profundidad de la transformación digital, cuál debe ser el proceso natural en las empresas para adaptarse correctamente y se muestran algunos ejemplos.

→ Qué es un *router* y para qué sirve, de: https://comunidad.movistar.es/t5/Blog-Movisfera/Qué-es-un-router-y-para-qué-sirve/ba-p/4928209

> Interesante artículo que ayuda a entender el funcionamiento de un *router* y sus principales características.

→ ¿Qué es el almacenamiento en la nube?, de:
https://aws.amazon.com/es/what-is/cloud-storage/

> Guía elaborada por AWS en la que se detalla el concepto de almacenamiento en la nube, el funcionamiento de este y cuáles son sus ventajas principales.

→ ¿Qué es la nube en internet?, de: https://www.implika.es/blog/que-es-nube-internet

> Artículo muy interesante en el que se define el concepto de nube y los principales tipos de nubes en internet que se pueden utilizar, para enfatizar en las diferencias entre ellas.

→ ¿Qué es la nube?, de:
https://www.cloudflare.com/es-es/learning/cloud/what-is-the-cloud/

> Artículo en el que se recoge la definición de nube de una forma sencilla y clara.

→ ¿Qué es una red privada virtual (VPN)?, de:
https://aws.amazon.com/es/what-is/vpn/

> Artículo de AWS en el que se habla sobre las redes privadas virtuales o VPN, haciendo hincapié en su definición y en las ventajas que estas pueden tener en las empresas.